양육성경동화 은혜

능력으로

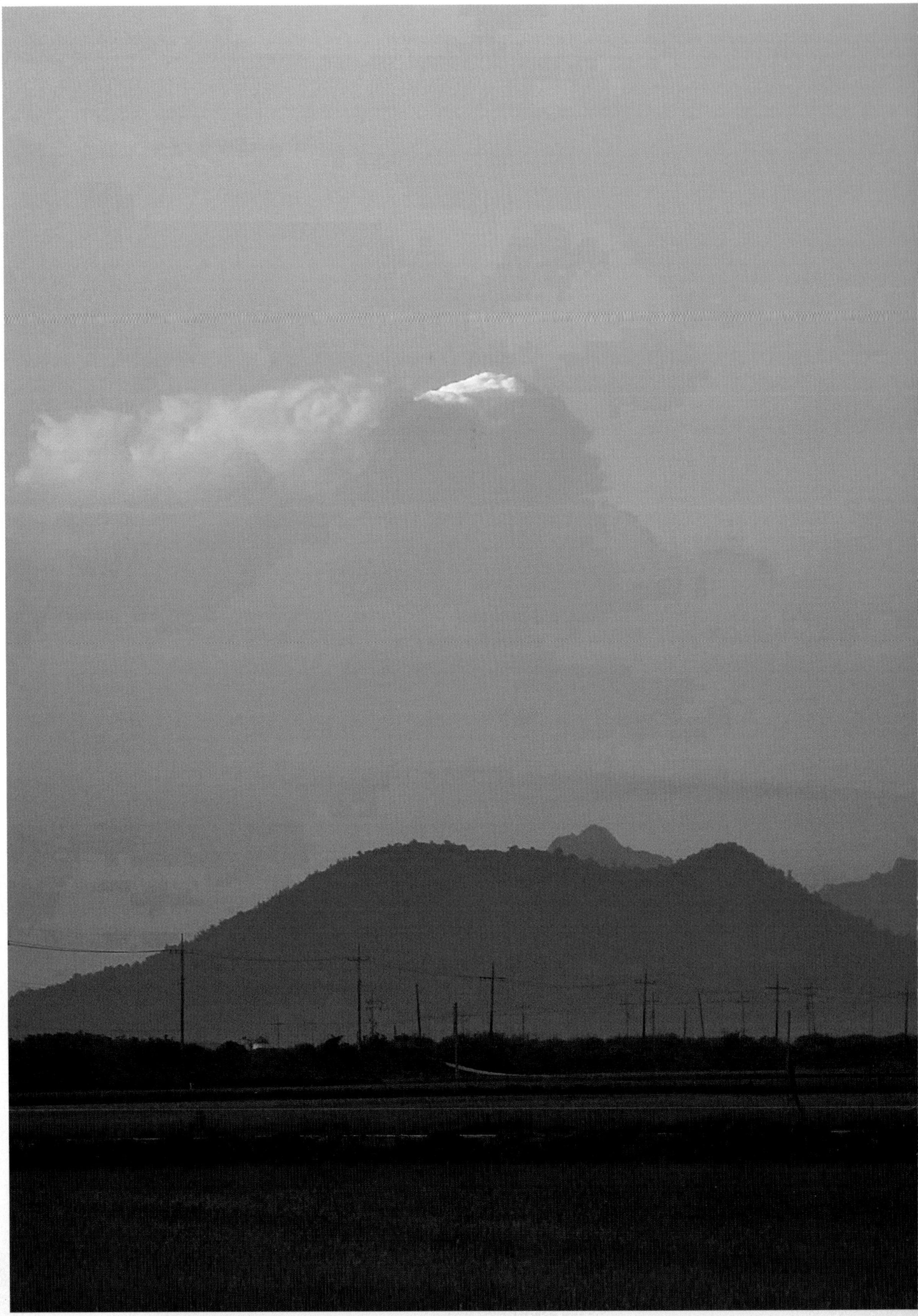

예수님은 모든 사람의 죄를 대신하려고
십자가에 매달려 돌아가셨어요.
그리고 사흘 만에 다시 살아나셨어요.
마침내 죽음의 권세를 깨뜨리고 승천하시면서
제자들에게 말씀하셨지요.

"나는 아버지께 돌아가지만 너희는
하나님이 약속하신 성령의 임재를 기다려야 할 것이다."

제자들은 예수님이
성령님을 보낸다고 말씀하신 것을 잊지 않았어요.

"여러분! 주님께서 예루살렘을 떠나지 말고
모여서 기도하라고 하셨어요!"

야고보는 씩씩하게 이야기했어요.

"맞아, 성령 충만을 받으라고 말씀하셨는데…
우리 집으로 가서 기도해요."

마가는 사람들을 자기 집으로 초대했어요.
그때 베드로도 두 손을 모으고 맞장구쳤어요.

"예수님이 가르쳐 주신 대로 같이 기도해요!"

그러자 모두 고개를 끄덕이며 예루살렘 언덕을 향해 올라갔어요.

마가는 집에 도착하여 사람들을 안내했어요.

"저기 2층 계단으로 쭉 올라가면 다락방이 있습니다."

그런데 마가의 말이 끝나기가 무섭게 모두 깜짝 놀라고 말았어요.
왜냐하면, 웅성거리는 기도 소리가 크게 들려왔기 때문이에요.
빌립이 놀라며 말했어요.

"벌써 이렇게 많은 성도가 모여 있다니!
100명도 훨씬 넘을 거 같은데?
우리도 함께 기도해요!"

얼마나 시간이 흘렀을까요?

갑자기 하늘에서 강한 바람 소리가 들려왔어요.

다락방에 모인 사람들의 얼굴은 벌겋게 변해 갔지요.

"우와! 불길이 솟아오르고 있어!"

"마치 불이 혀처럼 갈라지는 것 같아!"

더 놀라운 일은 그 불길이 사람들에게 얹어졌다는 거예요.

여기저기서 방언이 터져 나왔어요.

바로 성령의 불이 임하는 순간이었어요.

그들은 내면 깊은 곳에서부터 영혼이 뜨거워지는 걸 체험했어요.

사람들은 저마다 큰 선물을 받았다며
가슴을 안고 기뻐서 어쩔 줄 몰랐어요.

"성령님이 내 안에 들어오셨어!"

사람들은 두 손을 높이 들고 성령 충만한 얼굴로 고백했어요.

"맞아, 이런 거였어! 나도 조금 전에 경험했어!"
"예수님께서 보혜사 성령님을 보내신다는 약속이
오순절 다락방에서 이루어졌어!"
"예수님이 놀라운 구세주라고 세상에 나가서 외칠 거야!"

그들은 성령님의 인도하심을 따라 복음을 전했어요.

하나님의 영이 임재한
베드로는 교회로 돌아가 더욱 목소리를 높여서 설교를 하였어요.

"하나님께서 말씀하셨어요.
마지막 날에 나는 내 영을 모든 사람에게 부어 주겠다.
너희의 아들들과 너희의 딸들은 예언을 하고,
너희의 젊은이들은 환상을 보고, 너희의 늙은이들은 꿈을 꿀 것이다."

베드로는 거듭 전했어요.

"여러분! 내 말에 귀를 기울이십시오!
주님의 이름을 부르는 사람은 구원을 얻습니다!"

제자들도 새롭고 놀라운 소식을 전했어요.

"나사렛 예수는 하나님께서 기적과 놀라운 일과 표징으로
여러분에게 증명해 보이신 분입니다."

베드로는 마을 곳곳을 다니며 성령님의 임재를 담대하게 전하였어요.

그러던 어느 날, 베드로와 요한은 예루살렘 성전으로 향했어요.
요한이 한쪽 어깨를 두드리며 말했어요.

"우리가 전도하느라 힘들 때도 있지만 이 시간이 행복해."

베드로도 화답했어요.

"맞아, 주님을 만나는 건 말로 다 할 수 없는 기쁨이야."

"저기 좀 봐. 예루살렘 성전에 올라가는 사람들이 줄을 이어 가고 있어.
하하하, 기쁨의 찬양을 부르는 저 모습이야말로 거룩한 모습이야."

요한은 어딘가를 가리키며 베드로에게 말했어요.

"우리는 저 미문 쪽으로 가는 게 어떻겠나?"

베드로가 기다렸다는 듯이 고개를 끄덕였지요.

"오오! 좋아. 가장 아름다운 문 앞이라 믿음의 성도들도 많겠지."

두 사람은 여러 개의 성전 문 중에
'미문'이라는 아름다운 문으로 들어가기로 했어요.

아~ 그런데 이게 어떻게 된 일일까요?

성전 문 앞에는 누추한 옷차림을 한 사람이 있었어요.

'땡그랑땡그랑~~'

그 사람은 앉은 채로 구걸을 하고 있었지요.

"한 푼 줍쇼. 아이고, 아이고 고마워라."

지나가는 사람들이 바구니에 동전을 넣고 있었어요.

그때 그가 말했어요.

"여기를 지나가는 어르신들, 제 말을 들어 보세요.
저는 태어날 때부터 앉아만 있었답니다.
오늘도 친구들이 저를 이곳에 데려다줬어요.
저도 당신들처럼 성전에 걸어서 가는 게 소원입니다."

그는 사람들을 향해 두 손을 모은 채 하소연을 했지요.

제자들이 미문 앞으로 들어가려던 순간이었어요.

"저기, 저기… 선생님들, 여기 좀 봐주세요.
저는 태어날 때부터 지금까지 한 번도 걷지 못했답니다.
제발, 제발이요."

앉은뱅이가 애타게 손짓하며 불렀으나 두 사람은 그냥 지나갔어요.

베드로는 불편한 마음으로 이야기했어요.

"우리가 전도하느라 돈도 다 써 버리고 없는데 어떡하지?"
저렇게 딱한 사람을 보면 마음이 아프단 말이야."

요한도 걸음을 멈추고 대답하였지요.

"저 사람도 걸을 수 있으면 불쌍하게 살지는 않았을 텐데…."

갑자기 베드로에게 긍휼한 마음이 스쳐갔어요.

베드로는 옛날 생각이 났어요.

'나도 갈릴리 바닷가에서 고기를 잡는 어부였는데,
주님이 나를 찾아오셨지.'

베드로는 안타까운 얼굴로 말했어요.

"주님께서 외로운 나를 부르셔서 여기까지 왔는데,
저 사람의 사연이 슬프게 들리는구먼.
우리가 도울 수 있으면 얼마나 좋을까?"

갑자기 눈이 마주친 순간 둘의 발걸음은
어느 틈엔가 미문 쪽으로 향했어요.
그가 환하게 웃으며 말했어요.

"아이고, 어쩐지 내가 어젯밤에 돼지꿈을 꿨는데….
선생님들, 감사합니다."

그는 베드로와 요한이 돈을 주는 줄 알고 기뻐하며
두 손으로 바구니를 마구마구 흔들어 보였어요.

18

땡그랑 소리가 멈추자 베드로가 말했어요.

"지금 너에게 필요한 것은 돈이 아니더냐?"

앉은뱅이가 미소를 머금고
"맞습니다요. 바로 그거죠." 하고 고개를 끄덕였어요.

"네게 필요한 돈은 나에게 없다.
그러나 내가 줄 수 있는 것이 있다."
"아니, 선생님께서 돈 말고 내게 무엇을 준단 말입니까?
나는 지금 동전이 필요하다니까요!"

그가 뾰로통한 얼굴로 퉁명스럽게 내뱉었어요.

바로 그때였어요.
베드로가 갑자기 그의 손을 붙잡았어요.

"내게는 은과 금은 없으나, 내게 있는 것을 그대에게 주니
나사렛 예수 그리스도의 이름으로 일어나 걸으라."

베드로는 떨리는 음성으로 크게 외치며,
앉은뱅이의 오른손을 잡아 일으켰어요.

그러자 앉아 있던 그가
다리를 펴고 일어나는 게 아니겠어요?

"아~ 아~ 이럴 수가!"

사람들은 그 광경을 보며 깜짝 놀랐어요.

"어~ 어~ 저기 저 사람 보세요!"
"조금 전까지 앉아서 구걸하던 자가 아닙니까?"
"우리가 지금 본 것이 실제란 말이오?"

"어떻게 이런 일이 내 앞에서 펼쳐진단 말입니까?"
"평생 앉아서 구걸만 하던 자가 지금-여기에서 걷고 있다니
도무지 믿기지 않는구려."

그 광경을 지켜보던 사람들은 덩실덩실 어깨춤을 추며 기뻐했어요.

"얼쑤~ 얼쑤~ 참으로 신기한 일일세."

어느덧 많은 사람들이 몰려왔어요.
그리고 고백했어요.

"오~ 하나님, 감사합니다. 할렐루야~
예수님의 능력을 우리 눈으로 직접 보게 하시니 감사합니다."

그리고 앉은뱅이는 그토록 가고 싶었던
예루살렘 성전 뜰을 밟았어요.

"여러분! 나는 하나님의 은혜로 구원을 받았어요.
내 소원이 이루어졌어요!"

그는 벅차오르는 감격과 기쁨으로 하나님을 찬양했어요.

그는 어린아이처럼 깡충깡충 뛰며 춤을 추었어요.

"나는 예수 이름으로 일어나 걷게 되었어요!
실패한 나에게도 주님이 찾아오셨다고요!
바로 이것이 능력이고 표징이에요!"

그의 목소리가 바람을 타고 멀리멀리 전파되었지요.

조금 전 이곳에서
앉은뱅이가 예수 이름의 능력으로 일어나 걸어갔어요.
바로 말씀이 믿음의 실제가 되어 움직였지요.
그리고 그 일로 인하여 성령의 사역이 시작되었음을 만방에 선포하였답니다.

행 2:1~4, 3:6~8

십자가
(고난＋감당) 하나님의 아들
(영적 권한) 성령의 임재
(하나님 나라)

- 주님의 제자 ➔ '예수님을 따르는 삶'
- 사람은 생각하는 존재(동기 부여) ➔ 내게 무슨 유익이 있는가?
- 나의 어떤 문제를 해결해 주는가? ➔ 현실 반영, 세속적
  ＝ **경우의 수는 합리적＋당위적**

주님께서 기뻐하시는 길 = 복음적 사명

예수님 이름의 능력으로 치유

은혜

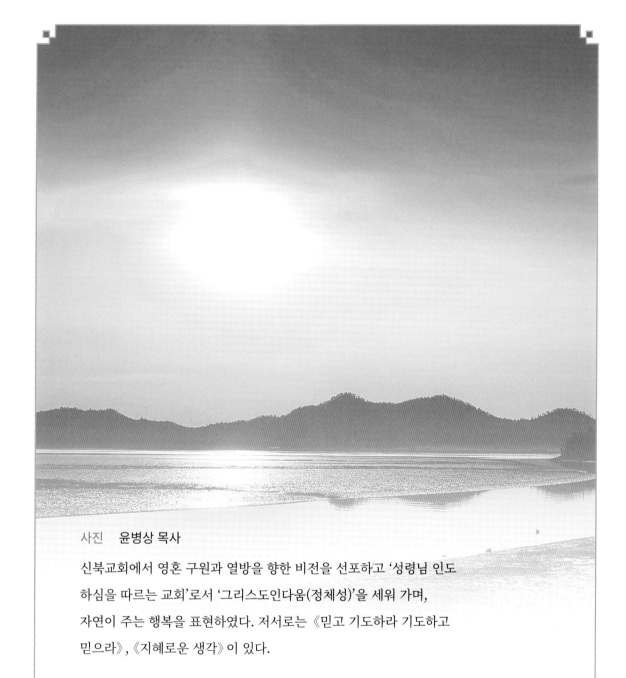

사진   윤병상 목사

신북교회에서 영혼 구원과 열방을 향한 비전을 선포하고 '성령님 인도
하심을 따르는 교회'로서 '그리스도인다움(정체성)'을 세워 가며,
자연이 주는 행복을 표현하였다. 저서로는 《믿고 기도하라 기도하고
믿으라》,《지혜로운 생각》이 있다.

글   정진숙 교수

상담심리학을 전공하고 교회에서 양육사역부 강사와 동아보건대학교
겸임 교수로 활동하며 《긍정심리동화》,《놀이지도》를 집필하였다.
장년부 성경 동화의 장르를 떠올리며 말씀과 양육의 키워드를
추출하고자 하였다.

능력으로

1판 1쇄 발행 2022년 2월 17일

지은이 정진숙

편집 홍새솔

펴낸곳 하움출판사
펴낸이 문현광

주소 전라북도 군산시 수송로 315 하움출판사
이메일 haum1000@naver.com   홈페이지 haum.kr

ISBN 979-11-6440-925-9 (03230)

좋은 책을 만들겠습니다.
하움출판사는 독자 여러분의 의견에 항상 귀 기울이고 있습니다.